AF312333

1867. 20 Novembre

(243e)

CATALOGUE

D'ESTAMPES

ANCIENNES & MODERNES

EAUX-FORTES DE MAITRES

Œuvres de K. Dujardin, Klein, Kobell, Ostade,
Rembrandt, Swanevelt, Waterlo;

QUELQUES DESSINS

COLLECTION FORMÉE A L'ÉTRANGER

DONT LA VENTE AURA LIEU

HOTEL DES COMMISSAIRES-PRISEURS

Rue Drouot, 5

SALLE N° 7, AU PREMIER ÉTAGE

Les Mercredi 20 & Jeudi 21 Novembre 1867, à une heure précise.

M⁰ **DELBERGUE-CORMONT**, Commissaire-Priseur,
rue de Provence, 8,
Assisté de M. **VIGNÈRES**, marchand d'Estampes,
rue de la Monnaie, 13, à l'entresol, entrée rue Baillet, 1,
CHEZ LEQUEL SE DISTRIBUE LE CATALOGUE.

PARIS

RENOU & MAULDE
IMPRIMEURS DE LA COMPAGNIE DES COMMISSAIRES-PRISEURS
Rue de Rivoli, 144
—
1867

CLERGÉ CONTEMPORAIN
PETITS PORTRAITS GRAVÉS A CLAIRE-VOIE
PETIT PAPIER, A 50 CENTIMES CHAQUE

Le Solitaire.	George.
Affre.	De Geramb.
Allignol (Aug.-Vital).	Gousset.
Allignol (Charles Régis).	Graveran.
Annat.	Grégoire.
Arnaldi.	Grégoire XVI.
d'Astros, archevêque de Toulouse.	*Grivel, aumônier de la Ch. des Pairs*
Baronnat.	Guillon, évêque de Maroc.
Bautain.	Le Guillou.
Belmas.	Hohenlohe (le prince).
De Bervanger,	Lacordaire.
Blanquart de Bailleul.	De La Mennais.
De Bonald.	Laroque.
De Boulogne.	De La Tour-d'Auvergne.
Bourrel.	*Lemaire.*
Bouvier.	Letourneur.
Boyer.	Liautard.
Brumaud de Beauregard.	Lyonnet.
De Chamon.	Madrolle.
Chartrousse.	Magnin.
Chatel.	Mai, cardinal.
Chatenay.	Manglard.
De Cheverus.	De Mazenod, évêque de Marseille.
Clausel de Montals.	Merault.
Cœur.	Migne.
Collin.	Moignot.
Combalot.	Morlot, archevêque de Tours.
Coquereau.	Naudo.
Croï (prince de), cardinal.	Olivier.
Darcimoles, évêque du Puy.	Pacca, cardinal.
Débelay.	Paravey.
Deguerry.	Parisis.
Demeuré.	Pelier de la Croix.
Deperry.	Perboyre.
Desgarets.	Picot.
Devie.	Pie IX.
Donnet, archevêque de Bordeaux.	Prompsault.
Droste-Vischering, év. de Cologne.	De Quélen.
Dufetre.	Raillon.
Dupanloup.	De Ravignan.
Dupont, cardinal.	Rey.
Dupont-des-Loges.	Robin.
Emery.	Rœss.
Fayet.	De Rolleau, curé de N.-D. de Lorette.
De Feletz.	De Sausin.
Fesch, cardinal.	C. de Schmid.
De Forbin-Janson.	L'abbé Sieyès.
Frasey, curé.	Souquet de Latour.
Frayssinous.	*Thibault.*
De Genoude.	De Veyssiere.

Renou et Maulde, imprimeurs de la Compagnie des Commissaires-Priseurs,
rue de Rivoli, 144.   8107

ORDRE DES VACATIONS

Première Vacation

Écoles Anciennes............ 1 à 232

Deuxième Vacation

Écoles Modernes, Dessins.... 233 à 464

Les lots pourront être divisés à la volonté du Vendeur.

CONDITIONS DE LA VENTE

Elle sera faite au comptant.

Les Adjudicataires paieront, en sus du prix d'adjudication, CINQ POUR CENT applicables aux frais.

M. VIGNÈRES, dirigeant la vente, se charge des Commissions.

NOTA. Toute commission sans prix fixé ou sans limite déterminée sera regardée comme nulle.

M. VIGNÈRES se charge de faire marquer les prix aux Catalogues des ventes qu'il a faites. Les personnes qui le désirent peuvent s'adresser à lui *franco*.

Plusieurs Amateurs éloignés en ont reconnu l'utilité pour les guider dans leurs Achats sur les valeurs des Estampes.

Les Catalogues des Ventes à faire seront envoyés aux personnes qui en feront la demande *affranchie*.

AVIS. — Nous prions MM. les Amateurs éloignés de ne pas attendre au dernier jour, pour que les lettres arrivent le matin de la vente; ils comprendront que quelques lettres peuvent se lire, mais de 20 à 50 lettres, c'est difficile.

DÉSIGNATION

ESTAMPES ANCIENNES

EAUX-FORTES ET ŒUVRES DE MAITRES

1 **Aken** (J. Van). Différents Chevaux. Suite de 6 p. (B. 1 à 6).

2 **Aldegrever.** Ève tenant la pomme (B. 12). Belle ép.

3 — Histoire de Loth (14 à 17). 4 p.

4 — L'enlèvement, 1530 (67). Belle ép.

5 — Le bon Samaritain, le mauvais Riche, Lazare, 4 copies. — Le Massacre des Innocents par Altdorfer, en bois (B. 46). 5 p.

6 **Almeloven.** Paysages, Marine. 6 p. à l'eau-forte.

7 **Anonyme.** Résiovissance des bons Ivrognes sur la noce de Crocque en tout. Pièce drolatique très-rare.

8 **Aquila** (F.) Peintures de Raphaël qui sont au Vatican, les Loges, etc. 18 p. in-fol.

9 **Bartoli** (P. S.). Bas-reliefs d'ap. Raphaël. 14 p.

10 **Beham** (S.). Adam et Ève, 1543 (B. 6).

11 — La Vierge assise, 1520. (18).

12 — L'Enfant prodigue gardant les pourceaux (35).

13 — Trajan (82). Belle ép.

14 — Vénus et l'Amour (91). Jolie petite pièce.

15 — La Charité (137). Belle ép.

16 — Le Bouffon et les deux couples d'amoureux (212). Belle ép., d'une des plus belles du maître.

17 **Berghem**. Bergerie, cahier à l'homme, et autres. 17 p. par et d'après.

18 **Bloemaert**. L'Adoration des Bergers, d'ap. Raphaël, grand in-fol.

19 — C. Cort et autres, sujets religieux. 12 p.

20 **Bois anciens**. Triomphe de Maximilien. marche de cavaliers portant des étendards. soldats, sauvages, éléphants, statues portées par des chevaux, chars, trophées d'armes traînés par des chevaux, des cerfs, et mus par des mécaniques, engrenages, vis sans fin, etc .40 planches, vol. oblong, in-fol., veau.

21 — Les mêmes en feuilles, 22 pl. plus 5 doubles. 37 p. en tout.

22 — Bohémiens ou Vivandiers en marche. 4 planches formant une grande frise, réunies par deux. Coloriées.

23 **Bol** (F.). Saint Jérôme (B. 3). Très-belle ép.

24 — La Famille (4).

25 — Portrait de femme en ovale (15). Belle.

26 **Bolswert**. Vierge et Jésus sur le monde. d'ap. Rubens. Belle ép., adresse de Bonenfant.

27 — D'ap. Rubens. Serpent d'airain, Adoration des Bergers, Vierge et Jésus, Sainte Famille à l'oiseau, Assomption, continence de Scipion. 6 p. grand in-fol., marge.

28 **Both**. Paysages à l'eau-forte. 10 p.

29 **Bry** (Th. de). L'Age d'or. — L'Assemblée véni-
tienne. 2 p. en rond. Belles ép.

30 **Burgmaier** (d'ap. Hans). Saints et Saintes issus
de la famille de l'Empereur Maximilien 1er,
gravés sur bois. 119 p., vol. petit in-fol., demi-
rel. m. v.

31 **Bye** (Marc de). Les Lions, d'ap. P. Potter. 8 p.
Très-belles ép.

32 — Les Vaches, etc. 10 p. d'ap. P. Potter.

33 — Les Chèvres, Boucs et Moutons. 12 p.

34 **Callot**. Le petit Prêtre. — Catafalque de l'Empereur Mathias. 2 p.

35 **Cavalli**. Têtes d'expression, d'ap. Piazetta.
6 p. Coloriées.

36 **Chodowiecki**, Vignettes pour l'histoire de
Russie, 8 p. et autres, pour divers ouvrages.
16 p. sup. ép., avec des petits croquis en dehors
des compositions.

37 **Claessens**. Isaac bénissant Jacob, avant toute
lettre.

38 **Cranach** (Lucas). La Passion sur bois, 14 sujets
sur 11 feuilles, plusieurs étant au verso, et le
portrait par Bitheuser. 15 p.

39 **Crivelli** et autres. Figures de danseuses aérien-
nes, Centaures, tirées des peintures de Pompéï.
12 p. à fond noir.

40 **Cunego**. Le Spasimo, d'ap. Raphaël.

41 **Cuyp**. Vaches dans des prairies. 6 petites p.

42 **Daullé**. Mlle Pélissier. 1re ép. chez Drouais.

43 **Delaunay**. Cromwel dissolvant le parlement. — Arrivée de Charles II à Douvres. 2 p. in-fol. d'ap. West, toute marge.

44 **Demarteaay**. Le Château de cartes, d'ap. Chardin, la Dame à la plume, Seigneur et Dame, Tobie recouvrant la vue, Régulus, Combat, petits Paysages, etc. 16 p. Très-belles.

45 — L'Hôpital. — Turenne. — Sully. 3 portraits in-8 sup. ép.

46 **Desportes** (d'ap.). Chiens de chasse. 12 p.

47 **Dietrich** (C. G. E.). Son œuvre en 24 planches à l'eau-forte imprimées sur 35 feuilles. Belles ép., toute marge.

48 **Dietricy**. Adoration des Bergers, Fuite en Égypte, Bergères au bain, et autres. 7 p., par et d'après.

49 **Dietasch**. Paysages et autres sujets à l'eau-forte. 30 p., très-belles.

50 **Drevet**. Bossuet en pied, d'ap. Rigaud, in fol.

51 — De Beauveau, archevêque. — Maria Serre. 2 p. in-fol.

52 **Dujardin** (Karel). Son œuvre à l'eau-forte, Animaux. 51 p.

53 **Durer** (Albert). La Passion de Jésus-Christ. Suite de 16 p. (B. 3 à 18). Très-belles ép.

54 — La même, suite. 16 p,, copies contre-parties.

55 — Jésus au Jardin des Oliviers (19). 2 ép. dont une grande marge.

56 — Sainte Anne et la jeune Vierge (29). Très-belle.

57 — La Vierge à la Couronne d'étoiles et au Sceptre (32). Très-belle.

58 — La Vierge avec l'Enfant Jésus emmailloté (38). Très-belles ép.

59 — La Vierge au Singe (42). Très-belle.

60 — Copies, le Pommeau d'épée, la Vierge couronnée par deux Anges, enlèvement d'Amymone, Mélancolie, Cheval de la mort, 5 p. Très-belles.

61 — En bois. La Passion de Jésus-Christ. 36 p. (B. 17 à 52).

62 — Copies sur cuivre de la Passion sur bois, même sens et même grandeur. 31 p.

63 — Copies sur cuivre, moitié grandeur de la Passion. 20 p., contre-partie.

64 — La vie de la Vierge sur bois (B. 77 à 95). 18 p. Belles ép. sans texte au verso.

65 — Copies par Marc-Antoine sur cuivre, de la suite précédente. 17 p.

66 — La même avec 4 p. en bois. 13 p.

67 — Adoration des Mages (B. 3). Vierge aux Anges (101). Saint Jérôme (113), et autres pièces sur bois. 9 p.

68 — (D'après). La belle Sainte Famille par Sadeler, 2 ép., les Martyrs, Paysans dansant, etc. 11 p.

69 **Dusart** (Corneille). Le Joueur de Violon assis.

70 — Kermesse ou Fête flamande, avant les taches de rouille dans le fond.

71 **Dyck** (d'après Van). Samson, Vierge et Jésus servis par des Anges; Élévation en croix; le Christ au tombeau. 5 p. in-fol.

72 **Edelinck**. Charles Lebrun, peintre. In-fol. Belle ép.

73 — Raymond Poisson, en pied. In-fol., marge.

74 **Ecole de Fontainebleau**. La Vérité, dans un riche encadrement. — Chasse au sanglier, en ovale. 2 p.

75 **Everdingen**. Petits et grands paysages à l'eau forte. 32 p.

76 **Fratrel**. Le Songe de saint Joseph (de B. 1). — Jésus amabilis (de B. 2). — Saint Nicolas (3). — L'Agriculture (8). — La Navigation (9). — Le Commerce (10). — 6 p., belles ép., marge.

77 **Frey** (J.), d'ap. Dominiquin. La Force, la Justice, la Prudence, la Tempérance, 4. Angles de voûtes. David et Esther. 6 p.

78 Saintes Familles, Martyre, Sainte Pétronille, etc. 6 p. in-fol.

79 **Frey** (J. de). Présentation au temple, d'ap. Rembrandt. Ép. sur chine.

80 — Jacob bénit les enfants de Joseph. Sup. ép. avant toute lettre, d'après Rembrandt.

81 **Fridrich** (J.-A.). Almanach de Salsbourg, 1766, surmonté du portrait de Sigismond Christophe, archevêque, et entouré de figures et scènes diverses, avec la vue de la ville en bas. Très-grande pièce de 3 feuilles superposées jointes, formant deux mètres de haut.

82 **Gellée** (Claude-Lorrain). Le Dessinateur, la Tempête. 2 ép.

83 **Genoels**. Paysages à l'eau-forte; 4 en hauteur, 2 en travers. 6 ép.

84 **Gessner** (S.), 1764, X. Paysages dédiés à M. Watelet. 15 p. avant et avec l'adresse de Buldet.

85 — Idylles, sujets arcadiens. 18 p. Sup. ép.

86 **Goltzius** (Henri). La Passion. Suite de 12 p., ép. originales (B. 27 à 38), sans marges.

87 — Jugement universel. 2 p. en rond.

88 — Annonciation. — Adoration des Mages, où se trouve le portrait de Goltzius. 2 p. de la suite des chefs-d'œuvre.

89 **Goltzius** (d'ap.). Bacchus, Vénus, Cérès. 3 p. dans des ovales. Belles ép.

90 — Femmes de la Bible, etc. 8 p.

91 **Goudt** (Comte). La Fuite en Egypte, les deux Tobie et l'ange, Cérès cherchant sa fille, Philémon et Baucis, Paysage et la petite Décollation de saint Jean, rare. Ces 7 pièces forment l'œuvre complet du maître. Très-belles ép.

92 **Goyen** (Van). Paysages à l'eau-forte sur papier de Chine, non fixé. 5 p.

93 **Goyran**. Paysages. 4 p.

94 **Grafen** von Kesselstadt (Franz). Vues de Mayence et environs, coloriées comme des aquarelles. 18 p. montées en dessins.

95 **Green**. Le Christ au tombeau, d'après Louis Carrache. Superbe ép.

96 **Greuter** et autres. Saint Georges terrassant le dragon. 3 compositions différentes.

97 **Guttemberg**, 1796. Retour de l'Enfant prodigue. — Résurrection de Lazare, 2 p. d'ap. Dietrich. Sup. ép., lettres blanches, toute marge, in-fol.

98 **P. V. H. f.** Le chien près de la niche (1). Les trois chiens (3). 2 p.

99 **Hackert** (d'ap.). Paysages d'Italie, par F. Morelli. 3 p. in-4.

100 **Hainzelman**, d'ap. Bourdon. La Vierge aux Anges, in-fol. Très-belle ép.

101 **Halm**. Le Goûté rustique, d'ap. Kraus. Sup. ép. in-fol.

102 **Heemskerck** (d'ap.). Histoire de David, Daniel et autres. 21 p.

103 **Hollar**. Vander Borcht, Vieillard, Fiancée, Tête de chat, Marine. 5 p.

104 **Holzer**. Adoration des Bergers et des Mages. 2 p.

105 **Hopfer** (Daniel). Le Jugement dernier avant le n°. Très-belle ép.

106. — Erasme, Combat de tritons, la Passion, la Femme adultère, et autres. 6 p.

107 **L. K.**, 1516. Louis Krug, dit le maître à la cruche. Adoration des Bergers. — Adoration des Mages. 2 jolies pièces.

108 **Laer** (P. de). Sujets de chevaux. Le Maréchal. 5 p.

109 **Lasne** (Michel). La Visitation, d'ap. Carrache. Très-belle ép.

110 — Et autres sujets mythologiques, d'ap. Brebiette et autres. 20 p.

111 **Leclerc** (Job). Puer parvulus avec le Jeune Homme, avec le Petit Enfant nu, Tobie et l'ange. 4 p., belles ép.

112 **Lefevre** et autres, d'ap. Titien. Le Christ au tombeau, sujets religieux, paysages. 25 p.

113 — D'ap. Véronèse, Tintoret, sujets religieux, plafonds, etc. 22 p.

114 **Lips**, 1786. Fête à Bacchus, d'ap. Poussin, in-fol. Très-belle ép., rare.

115 **Lucas de Leyden**. Couronnement d'épines (B. 69).

116 — La Vierge debout sur un croissant dans une gloire (82).

117 — Saint Jérôme (114).

118 — L'Espérance (128). Belle ép.

119 — La Passion de Jésus-Christ. 14 p. Copies de Muller avec la Femme de Putiphar accusant Joseph. 15 p.

120 **Lucas de Leyde** (d'ap.). Les Evangélistes, saints Jean, Luc, Marc et Mathieu, en pied avec leurs attributs. 4 p. in-4.

121 — Debora (107). — Les Filles d'Israël chantant les louanges de David. 2 p. par Saenredam.

122 **Manière noire**. Vierge et Jésus. Sup. ép. avant toute lettre, marge.

123 **Mark** à Vienne. Cléopâtre montre à Auguste le buste de Jules César. In-fol.

124 **Matham**. Ecce homo entre deux anges agenouillés tenant un flambeau. Sup. ép. d'ap. Goltzius, in-fol.

125 — L'Amour domptant le dieu Pan. Sup. ép.

126 — Jupiter et Europe (156). — Mars et Vénus (158). — Hercule et Déjanire (159) et autres. 4 p.

127 **Mayr.** Arcs de triomphe et illumination de la
cathédrale, en 1770, pour l'entrée de Marie-An-
toinette et son frère Joseph II. 3 p. in-fol.,
rares.

128 **Meyering.** L'Anier près de la fontaine. — La
Femme au parasol. 2 p.

129 **Nanteuil.** Tête de Christ couronné d'épines
(R. D. 4). Etat non décrit par Robert Duménil,
R. Nanteuil sculpebat et exeud., cum Priuil Re-
gis, 1653 ; sur la banderole, un écu d'armes surmonté d'un casque, profil à gauche, un croissant est dans le bas de l'écu, et deux rinceaux
d'ornements forment les supports. Très-belle
ép., très-rare.

130 **Norblin.** Son œuvre, à l'eau-forte. 71 p.

131 **Ostade** (A. Van). Son OEuvre, Sujets flamands,
Buveurs, etc. 52 p. à l'eau-forte dont 2 p. doubles
pour différences.

132 — Sujets flamands, Tabagies. 9 p. par et d'ap.

133 **Pas** (C. de). Histoire de l'Enfant prodigue. 6 p.

134 **Pelletier.** Les Bacchantes. — Bacchus et
Ariane. 2 p.

135 **Penez** (G.). Médée remettant ses pénates (B. 71).
Virginius tenant sa fille (84). — Thétis et Chiron
(90). 3 p. Belles ép.

136 **Pitteri.** Le Cordonnier, d'ap. Téniers. — Le
Marchand de poissons, par Baratti. 2 p.

137 **Poilly** (J.-B.). Figures académiques dessinées
par Verdier. 16 p.

138 **Pontius**, d'ap. Rubens. Tomiris, Vierge et Jésus adorés par plusieurs saints, le Christ au tombeau, Assomption. 4 p. grand in-fol., marge.

139 — Philippe IV, roi d'Espagne, d'ap. Rubens, in-fol. Belle ép.

140 **Potter** (Paul). Le Vacher. Belle ép., la planche réduite.

141 **Poussin** (D'ap.). Moïse sauvé, Frappement du rocher, Germanicus, Vénus et l'Amour, etc. 6 p.

142 **Prestel**. La tête de saint Jean remise à Salomé, d'ap. Guerchin. — Le Christ mort et autre. 4 p. genre camaïeu en bistre, grand in-fol.

143 — Paysages d'ap. Everdingen, Ruysdaël, Salvator Rosa et autres. 5 p. grand in-fol. en bistre.

144 **Raimondi** (Marc-Antoine). Mars, Vénus et l'Amour.

145 — et son école. Massacre des Innocents. Jugement de Pâris, Galathée, la Manne, Mariage de la Vierge, Sainte Famille, Triomphe de Vénus, etc. 8 p. par et d'après.

146 **Raphaël** (D'ap.). La Fable de Psyché, gravée par le Maître au Dé et autres. 32 p., volume petit in-fol., Carlo Losi, 1774, carton.

147 — Le Parnasse, Attila, la Messe, l'École d'Athènes, etc. 5 p. des Voûtes du Vatican, in-fol.

148 — Le Parnasse, Enlèvement d'Hélène, Psyché et l'Amour devant Jupiter, l'École d'Athènes. 4 p. grand in-fol.

149 **Rauscher**, 1788. Paysages à l'eau-forte. 5 p.

150 **Reinhart**, 1792. Bestiaux. 13 p.

151 **Reinhart**. Paysages sur papier teinté. 20 p.

152 **Rembrandt**. Son portrait au bonnet orné d'une plume. (B. 20). — Agar renvoyée (30). — Abraham et Isaac (34) et la copie contrepartie. — Joseph dans sa famille (37). — David (41). 6 p.

153 — La Nativité (45). — Les Bergers (46). — Circoncision (47). Fuites en Egypte (53, 55, 57). — Sainte Famille (63). Jésus au milieu des docteurs (66). — Denier de César (68). — Samaritaine (70). 10 p.

154 — Résurrection de Lazare (72). — Jésus et l'ange (75). — Jésus crucifié (79-80). — Descente de croix (83). — Emaüs (87). — Enfant prodigue (91). — Saint Jean-Baptiste (92). — Pierre et Jean (94). — Saint Jérôme (102-105). 10 p.

155 — Étoile des Rois (113). — Figures orientales (118). — Musiciens (119). — Le Kolf (125). — Synagogue (126). — Maître d'école (128), 2 ép. — Dessinateur (130), 2 ép. — Le Paysan (131-135). — Le Joueur de cartes (136). 12 p.

156 — Homme à cheval (139), petite pièce rare. — Vieillard à courte barbe (151), belle épreuve du cabinet Gawet. — Gueux et Gueuses (164, 168, 170, 173, rare). 6 p.

157 — Dessinateur d'ap. le modèle (192). — Académies (194). — Baigneurs (195), 2 ép. — Académie (196). — Femme nue assise sur une butte (198). — Femme nue, les pieds dans l'eau (200). — Vénus au bain (201); c'est une des plus jolies pièces du maître. 8 p.

158 — L'Abreuvoir (237). — Portraits de Jean Antonidès (264). — Sylvius (266). — Clément de Jonge (272). — Ab. France (273). — Haring (275). — Asselyn (277). — Têtes (290, 291 rare, 295). 10 p.

159 — Abraham et Isaac (34). — Joseph (37). Tobie (43). — Fuite en Égypte (53). — Denier de César (68). — Samaritaine (70). — Lazare (72). — Emaüs (87). — Enfant prodigue (91). — Pierre et Jean (94). — Faustus (270). — Jacob et Ésaü de Rodermont. 10 p., belles ép.

160 — Présentation au temple (49), avant que saint Joseph soit coiffé d'un turban, 3e état. Très-belle ép.

161 — Résurrection de Lazare (73), cintrée. — La Mort de la Vierge (99), pièce capitale. 2 p.

162 — La grande Descente de croix, original et copie. 2 p. in-fol.

163 — Le grand Ecce Homo, in-fol.

164 **Rembrandt** (D'ap.). L'Espiègle, la petite Tombe, le bon Samaritain, Peseur d'or, et autres. 20 p.

165 **Reynolds** (D'ap. Joshua). Hercule enfant, grand in-fol. par Walker.

166 **Ricci** (Marc). Paysages par et d'après. 5 p.

167 **Rogman** (Roelant). Paysages à l'eau-forte. (B., nos 25, 26, 27, 28, 29, 30, 31, 32.) 8 p., belles ép.

168 **Roos** (J.-H.). Différents animaux. (B., 19 à 30.) 12 p.

169 **Rubens**. La Vieille à la chandelle. Belle p. attribuée.

170 **Rubens** (D'ap.). Crescetis Amores, Vénus allaitant les Amours, par C. Galle. — Jolie pièce, sup. ép.

171 — Job, Chaste Suzanne et Bacchus. 3 p., belles ép.

172 — Adoration des Mages, 2 compositions différentes ; Saint Laurent, Saint François de Vorsterman, Jésus chez Simon, par Natalis. 5 p. grand in-fol., marge.

173 **Rugendas**, 1699. Sujets de Cavaliers. 8 p.

174 **Ruysdaël**. Le petit Pont (B. 1). — Les deux Paysans et leur chien (2). — La Chaumière au sommet de la colline (3). — Les Voyageurs, copie d'une pièce très-rare. — Chute d'eau, d'ap. lui, par Steiner. 5 p.

175 **Sadeler** excudebat, 1585. — Emblemata Evangelica. 12 p.

176 **Saenredam**, d'ap. Golzius. Judith donnant la tête d'Holopherne à sa suivante (B. 44). Belle.

177 — Pallas. — Vénus. — Junon. Suite de 3 p. Belles ép. (56 à 58).

178 — Le Mariage béni par Jésus (86). — Le Soir (92). — Le Midi (93). — La Nuit (94). 4 p. Belles.

179 — Les Saisons. Suite de 4 p. (87 à 90). Belles ép.

180 **Savery** (d'ap. R.). Paysages. — Sujets de chasse. 2 p. Très-belles ép.

181 **Schmidt** (G.-F.). Présentation au temple, d'ap. Dietrich. Superbe ép.

182 — Jésus ressuscitant la fille de Jaïre, d'ap. Rembrandt.

183 — Loth avec ses filles, d'ap. Rembrandt. Belle ép.

184 — Charles, archevêque de Cambrai. In-fol. Très-belle ép.

185 **Schongauer** (d'ap.). Naissance de Jésus.

186 **Seidl**. Académies d'hommes. In-4. 15 p. Toute marge.

187 **Solis** (Virgile). Sanguineus. — Cholericus. — Phlegmaticus. — Melancholicus. 4 figures allégoriques. Très-belles ép. avec une petite marge.

188 **Stoop**, 1651. Sujets de Chevaux. Suite de 12 p. Belles ép.

189 **Stradan** (d'ap. J.). Sujets de chasse. 21 p. Collées.

190 **Strange**. Comitas, la Douceur, d'ap. Raphaël. Superbe ép. avec marge.

191 — Saint Jérôme, d'ap. Corrége. Pièce capitale et très-recherchée. Très-belle ép.

192 **Subleyras** (d'ap.). Les Oies de frère Philippe. Eau-forte in-4. par Pierre. Tiré des Contes de La Fontaine. Très-rare.

193 **Suyderhoef**. Le Joueur de violon. Jan de Moff, d'ap. Ostade. Très-belle ép.

194 — Le Coup de couteau. Très-belle ép.

195 — Le Buveur et le Fumeur, d'ap. Ostade. Belle ép.

196 — Jugement dernier, d'ap. Rubens. Grand in-fol.

197 **Suyderhoef**. La Paix de Munster, d'ap. Terburg. Ép. sur papier vélin.

198 **Swanevelt** (H.). Son OEuvre. — Paysages à
l'eau-forte. — Vues de Rome. — Sujets religieux. — Histoire de Vénus et Adonis, etc. 61 p.
avec adresse deMondhare.

199 **Tempeste**. Sujets de Batailles en frises, 10. —
Sujets de chasse et autres. En tout 20 p.

200 **Tiépolo**. Fantaisies. — Tête. — Fuite en
Égypte. 10 p. , très-belles.

201 **Vangelisty**. Pyrame et Thisbé, d'ap. Guido
Reni. Sup. ép.

202 **Vanloo** (d'ap.) L'Amour tirant une flèche, —
Domptant un Lion. 2 p. coupées et montées en
dessins.

203 **Varin** frères. Vue du Palais-Royal, des Gale-
ries et du Jardin. Sup. ép. in-fol., avant la dédi-
cace. Marge.

204 **Waterlo** (A.). Paysages à l'eau-forte, nᵒˢ 2 à
18, le 7 est double. 18 p., ép. d'Ottens.

205 — 21 à 30. — 32 à 37. — La p. douteuse et 41.
— 18 p.

206 — 45, 47 à 53, 55, 56, 59 à 62, 64. 15 p.

207 — 65 à 68, 70, 71, 75, 78, 83, 84, 86, 89 à 92,
94. 16 p.

208 — 95 à 98, 100, 101. 6 p.

209 — 107 à 112. 6 grands Paysages en travers.

210 — 113 à 118. 6 grands Paysages en travers.

211 — 119 à 124. 6 grands Paysages en hauteur.

212 — 125 à 130. 6 Sujets mythologiques.

213 — 131 à 136. 6 Sujets Ancien Testament.
Parmi ces grands Paysages, plusieurs sont sur papier aux armes.

214 **Waterlo** (Antoine). Son OEuvre en 136 p. Paysages à l'eau-forte ; le n° 38 est remplacé par la pièce douteuse.

215 **Velde** (Adrien Van de). La Bergère, eau-forte.

216 **Velde** (J.-V. de). Le Charlatan, d'ap. W. B. Superbe ép. d'une belle pièce.

217 — La Sorcière. — L'Aurore. — La Nuit. 3 p.

218 — L'Étoile. — La Danse des enfants. — Le bon Samaritain. — Les Crèpes. 4 pièces, effets de lumière, belles ép.

219 **Véronèse** (d'ap. Paul). Noces de Cana, à l'eau-forte, en 2 feuilles superposées jointes, grand in-fol.

220 **Vico** (Énée), 1542. Saint Georges tuant le Dragon, d'ap. Julius Corvinus. Belle pièce. — Le Christ au tombeau. 2 p.

221 **Wierix** (les). Passion de Jésus-Christ, depuis son entrée à Jérusalem jusqu'à la descente aux Enfers. 13 p. dans des entourages, belles ép., Scènes de la Bible, etc. En tout 16 p.

222 **Willmann.** Têtes de Vieillards. 2 belles eaux-fortes.

223 **Winckler.** L'Ange disparaissant devant la Famille de Tobie. Eau-forte.

224 **Visscher** (Corneille). Le Buveur et la Fumeuse, d'ap. Ostade. Belle ép.

225 — Les Musiciens ambulants, d'ap. Ostade.

226 — Les Patineurs, d'ap. Ostade.

227 **Visscher** (J.). Bergers et leurs Troupeaux, d'ap. Berghem. 4 p. in-fol.

228 **Visscher**. — Vierge et Jésus entourés d'anges. — Le Jugement dernier. 2 p. grand in-fol.

229 **Vorsterman**. Saint Georges terrassant le Dragon. Sup. ép. d'ap. Raphaël.

230 **Vos** (D'ap. M. de). Scènes de la vie du Christ. 4 p. in-4 dans des entourages.

231 — Boni et Mali, sujets de la Bible. 18 p. collées.

232 **Zancon**. 60 sujets religieux au trait, d'après les plus beaux tableaux à Vérone.

ESTAMPES MODERNES

EAUX-FORTES ET LITHOGRAPHIES

233 **Adam** (Albrecht). La Curée et autre Scène de chasse au cerf. 2 p. à l'eau-forte.

234 **Adam** (G.). Vues de Salzburg, Tyrol. 12 p. in-4.

235 **Adam** (F.). Le Feld-Maréchal Radetzky entouré de son état-major à Vicence, 1848, lithog. grand in-fol. chine, avec le trait explicatif.

236 ★**Adam** (Victor). Chasse au loup. — Chasse au chevreuil. 2 lithog. avec ton. grand in-fol.

237 **Agricola**. Sainte Famille, Joseph en prison, Diane et Calisto, etc. 4 p.

238 **Amsler**, 1836. La Sainte Famille, d'ap. Raphaël. Superbe ép., toute marge.

239 — Statue de Gœthe érigée à Francfort en 1844, in-fol.

240 **Anderloni**. Vierge et Jésus adorés par deux anges, d'ap. Titien. Superbe ép. in-fol. avant la lettre, marge.

241 — Jupiter foudroyant les géants, d'ap. Buonacorsi, grand in-fol.

242 — Sainte Madeleine. — Le Christ, d'ap. Carlo Dolci. 2 p. in-4, marge in-fol.

243 ★**Bahmann**. Saint Jean, évangéliste, d'ap. Dominiquin. Superbe ép.. in-fol.

244 **Barathier**, 1827. Supercherie de Vénus. — Achille à la Cour de Lycomède. 2 grandes lithog. coloriées.

245 **Bartsch**. Deux Fuites en Égypte, Baptème de l'Eunuque, etc. 4 p. à l'eau-forte.

246 **Baudran**. Histoire de Marie Stuart, d'ap. Chasselat. 4 p. in-fol. coloriées.

247 **Bayer** (D'ap.). Extérieur et intérieur de la cathédrale de Fribourg. 2 p. in-4, chine.

248 ★**Bein**. Sainte Marie, d'ap. Raphaël.

249 **Bendeman**. La Moisson. — Le Christ et les Évangélistes de Keller. — Pieta, le Christ mort, d'ap. Schadow. 3 p. Sup. ép.

250 **Beretta** (J.), 1831. Apothéose de Psyché, d'ap. Appiani. Superbe ép.

251 **Bergler**. Scènes de l'antiquité, à l'eau-forte. 4 p.

252 **Bernard**. Mort d'Epaminondas et de Bayard. 2 p. in-fol. d'ap. B. West.

253 **Bernardy**. Raphaelis amicitia celeberrima (la Fornarine), petit in-fol. Sup. ép.

254 **Bezzolini** (Mathilde). Vierge et l'Enfant qui dort, d'ap. Titien. Sup. ép.

255 **Biondi**.. Saint Jean dans le désert, d'ap. Raphaël. Sup. ép.

256 **Blery** (Eugène). Paysages à l'eau-forte. 16 p.

257 **Bodmer**. La Tyrolienne, la Vierge de Saint-Sixte, la Famille du pêcheur napolitain, 3 lithog. grand in-fol.

258 **Boissieu** (J.-J. de). La Leçon de Botanique, les petits Tonneliers, l'Etable, l'Oratoire, et autres Paysages à l'eau-forte. Très-belles ép. anciennes. 14 p.

259 — Pièces publiées par Frauenholz. 3 p. avant la lettre.

260 — Saint Jérome, l'École, le Flûteur, Enfants avec les bulles de savon, et autres. 10 p.

261 **Borvignon**. Le Christ au tombeau, d'ap. Guido Reni, in-fol., avant la lettre. Très-belle ép.

262 **Burckhardt**. Vues des villes de Inspruck, Salzbourg et autres entourées de douze vues plus petites. 4 p. in-fol. coloriées comme des aquarelles.

263 **DB**. Paysages à l'eau-forte. 15 p.

264 **Cardon**. La Marquise de Donegall, Mrs May, Miss May et Earl of Belfast, in-fol. en couleur.

265 **Chevalier** (P.). Vues de Vérone, en bistre. 10 p., cahier.

266 **Cornélius** (D'ap.). Roméo et Juliette, grande composition.

267 **Craffonara**. Les plus célèbres tableaux des écoles italiennes qui se trouvent au Vatican, gravés au trait avec texte, petit in-fol. Rome, 1820, carton.

268 ★**Delaroche** (D'ap.). Conversation, par Laurent. Ep. sur chine.

269 **Dethier**, 1832. Galerie de portraits historiques et chronologiques, 24 planches contenant un grand nombre de portraits. Volume in-fol. oblong, demi-rel.

270 **Dillis**. Troncs d'arbres. 2 p. à l'eau-forte.

271 ★**Droemer**. Tick! Tack! — Das Kartenhaus. 2 manières noires coupées.

272 **Dubuffe** (D'ap. Edouard). La Foi, l'Espérance, la Charité. 3 lithog. grand in-fol. sur chine.

273 **Eaux-fortes**, flamandes modernes, par Achenbach, Buschmann, Carolus, Gingelen, Leys, Linnig, Loos, Molyn, de Noter, Ruyther, Schoefels, Seghers, Verboeckhoven, Vertommer, etc. 51 p., plusieurs rares.

274 **Engleheart**. Sujets religieux et autres, in-8. 5 p., marge in-4.

275 **Erhard** (I.-C.). Paysages, Sujets militaires, etc. 39 p. à l'eau-forte.

276 ★**Feederle**. La Jalousie, jolie scène lithog. sur chine, in-fol.

277 **Felsing**. Poesie und liebe, d'ap. Kolbach. — Tancrède und Chlorinde, par Oldermann. 2 p. in-fol. Sup. ép.

278 — Sposalizio di S. Caterina, d'ap. Corrége. Très-belle ép., petit in-fol.

279 **Fendi** (D'ap.). Das Dachtubchen. — Das Gewitter, la Foudre et pendant. 2 p., très-belles, infol.

280 **Forster**. Raphaël Sanzio, d'ap. lui-même. Très-belle ép.

281 — Les Trois Grâces, d'ap. Raphaël. Très-belle ép., toute marge.

282 ★**Forster**. Er ist verschieden! Christ en croix, d'ap. Séb. del Piombo. Superbe ép.

283 ★— La Vierge à la légende, d'ap. Raphaël. Superbe ép. in-fol.

284 ★— Vierge de la maison d'Orléans. Superbe ép. sur chine.

285 **Frommel**. Vues du Tyrol. 12 p. in-fol., 1841, sup. ép.

286 — Vésuve, Etna, Ariccia, Villa d'Este. 4 paysages grand in-fol.

287 — Rome, vue du Mont Palatin sur chine, et Charles-Quint rachetant les prisonniers, par Rauh et autre. 3 p.

288 — Six paysages originaux, ép. sur chine.

289 **Fusinati**, 1829. Vierge et Jésus, d'ap. Garofolo. Belle ép.

290 **Gandolfi** (Mauro). Educazione di Amore. Pièce gracieuse grand in-fol., sup., ép.

291 **Garavaglia**. Mater pulchræ dilectionis, d'ap. Carlo dolci. Sup. ép., marge.

292 **Gauermann**. Chevaux pendant l'orage et Biche, par Stober. 3 p.

293 ★ **Grobon** frères. Sujets de nature morte. 3 lithog. coloriées.

294 ★— Grandes études de fleurs. 4 p. avec ton.

295 ★**Guesdon**. Vues d'Italie et autres à vol d'oiseau. 12 p. in-fol. coloriées.

296 **Haldenwang**. Première chute d'eau, d'ap.
Ruysdaël, in-fol. Très-belle ép.

297 **Hampfelmayer**. Hercule entre le Vice et la
Vertu, d'ap. Pompée Battoni, grand in-fol.,
marge.

298 **Hoff** (Nicolas), 1827. Vierge et Jésus avec une
Sainte, d'ap. Léonard de Vinci. Très-belle.

299 ★**Hoffmann**. Calvin, Huss, Luther, Melanch-
ton, Zwingli. 5 portraits petit in-fol. lithog. sur
chine

300 **Hubsch** (Henri), 1838. Bau-Werke, vues des
cathédrales de Fribourg, Rottenbourg, etc. ;
Plans, coupes, élévations diverses. 12 pl. et 2 vignettes d'ornements, in-fol. dans son portefeuille.

301 **Jaquemot**. La fête de Rheinischer Kunstve-
rein, d'ap. Kirmer, grand in-fol. Très-belle ép.

302 **John** (F.). Sauveur du monde, Madonna, Saintes
Familles, Saintes Catherine, Justine, Madeleine
et autres. 20 p. in-8. Superbes ép.

303 — Cupido, Vénus et l'Amour. 6 p. in-8.

304 — Têtes de femmes, portraits du Corrége,
Raphaël et autres. 12 p. in-8.

305 — Cléopâtre, Lucrèce, Galathée, Didon, etc.
13 p.

306 **Kaulbach** (d'ap.). Combat des Huns. Superbe
composition, Apothéose, sup. ép. sur chine.

307 **Klein** (d'ap.). Scènes de la Bible, in-8, gravées par Hesslohl, Schuler, etc. 15 p.

308 **Klein** (J.-A.). Son portrait par Mansfeld. — Le portrait de Mansfeld par Klein. 2 p.

309 — Animaux, sujets militaires, etc. 29 p.

310 — Son Œuvre en 100 planches à l'eau-forte et manière noire, Chevaux, Chiens, Bestiaux, Tyroliens, etc., avec la biographie, dans un portefeuille.

311 — Son Œuvre publié par Frauenholz, 1823, avec texte, 95 sujets sur 52 feuilles.

312 — Chiens, Chevaux, Soldats russes, etc. 54 p., 1815 à 1825.

313 **Kobell** (Ferdinand). Paysages dédiés à S. E. Charles de Sickingen. 101 p. à l'eau-forte.

314 **Kobell** (Guillaume). 1820. Les Bergères, etc. 3 p. à l'eau-forte.

315 **Kolbe** (C. W.). Das Gesprach, Der ruhende Hirt, le Pêcheur. 7 Paysages magnifiques.

316 **Konig**, 1799. Paysages et figures suisses. 16 p. à l'eau-forte.

317 ★ **L.** et **B.** Sainte Anne en buste. Superbe ép., 4° d'essai.

318 **Layr.** Buste du Sauveur tenant sa croix, d'ap. Luini, avant la lettre. Superbe.

319 — Konig Ahasverus und Haman, in-fol. Sup. ép., lettre blanche.

320 — Le même avec la lettre. Sup. ép.

321 **Lebschée.** Nachtstucke. Paysages, effets de nuit et autres à l'eau-forte, 3 cahiers. 22 p.

322 ★ **Leclere** (Ed.). La Paix. — La Guerre 2. Sujets de Chevaux, lith. in-fol. Coloriées.

323 **Leroux**. La Reine des cieux, d'ap. Steinle.

324 **Lithographies**. Vues en Tyrol, intérieur de la Cathédrale de Bozen, etc. 9 p. grand in-fol.

325 — Vues du Tyrol, Méran et autres. 7 p. in-fol.

326 — Sujets religieux, tyroliens, etc. 8 p. grand in-fol.

327 **Les Artistes contemporains**. Lithog. par et d'ap. Baron, Decamps, Delacroix, Felon, Gavarni, Isabey, Rembrandt, d'ap. Robert Fleury, etc. 25 p. sur chine, sup. ép.

328 ★ **Lithographies**. Sujets religieux d'ap. Raphaël et autres. 10 p. sur chine.

329 ★ — Sujets de genre, Types militaires. 2 p. par Lalaisse, coloriées, 6 p.

330 ★ — Grandes têtes d'études. 5 p. par divers.

331 ★ — Vues de France à vol d'oiseau, Le Havre, Marseille et autres, 20 p. avec ton.

332 **Longhi**. La Maddalena del Correggio. Superbe ép., le titre est coupé et mis au revers.

333 **Mansfeld**. Frédéric, duc d'Autriche, recevant les envoyés de la Hongrie, de la Bohême et de la Bavière à Neustadt, en 1246, avant toute lettre non poussée à l'effet; la même, avec la lettre terminée. 2 p.

334 **Marin Lavigne**. Napoléon entouré des généraux de son temps, grand in-fol. sur chine avec explication.

335 **Mercuri**. Sainte Amélie, d'après Paul Delaroche. Superbe ép., toute marge.

336 **Merz**, à Munich. Vierge et Jésus accompagnés de deux anges. Sup. ép.

337 **Milatz**. Paysages à l'eau-forte. 6 p.

338 **Molitor**. Paysages à l'eau-forte. 6 p.

339 **Morghen** (Raphaël). Le Tombeau de Clément XIII, d'ap Canova, grand in-fol. Sup. ép.

340 — La Poésie, d'ap. Carlo Dolci. Sup. ép.

341 **Morgenstern**, 1801. Paysages à l'eau-forte, Animaux et figures 12 p.

342 **Muller** (F.), 1812. Saint Jean l'Évangeliste, d'ap. Dominiquin. Très-belle ép., toute marge.

343 **Overbeck**, 1815 (d'ap.). Le Christ portant sa croix, par Pflugfelder, 1840. Sup. ép. chine.

344 — Petits sujets religieux, 10 p. par Ruschweyh et autres.

345 **Paalzow**. François Ier et son épouse (l'Empereur d'Autriche). 2 portraits en pied, grand in-fol. lithog.

346 **Passini**, à Vienne. Die beiden Foscari, Prisonnier présenté au Doge, grand in-fol., toute marge.

347 — D'ap. Gauermann, Die Ernte. — Die Heimkehr im sturme. 2 p. in-fol. superbes.

348 ★ **Pelletier**. Belles études de Paysages, lithog. avec ton. 9 p.

349 ★ **Petit** (Victor). Chàlets de la Simmenthal et de la Sarine. 2 p. grand in-fol. en couleur, lithog.

350 ★ — Chàlet du Lac Laugern et autres. — Le Lac et le Pàturage, par Sabatier. 4 p.

351 Portraits de la Famille royale d'Autriche.
14 personnes réunies devant le tableau de
François 1er, lithog. grand in-fol. chine.

352 — De l'archiduc Jean d'Autriche, différents, son
épouse, François 1er (statue). Frédéric de Schwar-
zenberg, Frédéric II de Prusse entouré de 18
scènes de sa vie, 8 p. in-fol. lithog.

353 — Personnages célèbres d'Allemagne, Autriche,
etc. 32 p., la plupart in-fol. lithog.

354 **Qualio**. Vues de Munich à l'eau-forte. 25 p. de
1811 à 1842. Très-belles, toutes marges.

355 — Paysages à l'eau-forte. 25 p.

356 — Doubles des précédents. 12 p.

357 **Raffet**. Prise de la lunette Saint-Laurent. Red-
dition de la Citadelle d'Anvers. 2 p.

358 **Rahl,** 1823. Présentation au Temple, d'ap. Fra
Bartoloméo, grand in-fol.

359 — Sainte Cécile. — Ange faisant de la musique
à des petits oiseaux. 2 p. in-fol. très-belles.

360 ★ **Rahl**. La Madeleine, d'ap. Corrége. In-fol.
Superbe ép.

361 **Raphaël** (D'ap.). Vierges et Jésus, par Biondi,
Bonini, Della Bella. 3 p., très-belles ép.

362 **Rauch** (J.-J.). Têtes de chevaux, Bestiaux, etc.
10 p.

363 **Rechberger**, 1802. Sites montagneux à l'eau-
forte. 4 p.

364 **Rethel** (D'ap.). Le Poème de la mort en 12 pl.
lithog. à la plume, in-fol.

365 **Riccio**, dit il Bruciasorci (D'ap.). Marche triomphale; très-grande frise de 12 feuilles jointes, manière noire, environ 5 mètres de long.

366 **Rivera**, 1826. La Flora di Tiziano, petit in-fol. Sup. ép.

367 **Robert** (D'ap. Léopold). Les Moissonneurs, les Pêcheurs. 2 p. Sup. ép. chine.

368 **Russ** (Karl), 1807. Son Œuvre, Sujets religieux, militaires et autres. 38 p. à l'eau-forte, plusieurs très-rares, doubles avec différents états.

369 **Schiavonetti**. Le Retour à la vertu, la Duchesse de La Vallière, d'ap. Le Brun, in-fol.

370 **Schuler**, 1846. La Sainte Famille, d'ap. Raphaël, dite de François Ier. Superbe ép.

371 — Barde jouant devant une famille royale d'ap. Huxol. Sup. ép. in-fol., toute marge.

372 — Les Moissonneurs. — Les jeunes Filles à la fontaine, d'ap. Bendeman. 2 p. in-8 sur chine.

373 ★ **Sluyter**. Cantabimus et Psallemus, Moine touchant les orgues, d'ap. Bosboom. Sup. ép.

374 **Steifensand**. Ermite prêchant. — Femme noyée. 2 p. avant la lettre, chine. Sup. ép.

375 **Steiner**, 1806. Paysages à l'eau-forte. 6 p.

376 **Steinle** (D'ap. Ed.). Six Sujets religieux gravés par J. Keller sur chine, grand papier.

377 **Stober**. Die Testamentz-Groffnung, la Lecture du Testament, d'ap. Danhauser. Très-belle ép. in-fol.

378 — Del Praller. — Die Klostersuppe, la Soupe
du Cloître et Pendant. 2 p. in-fol. Très-belles
épreuves.

379 — Bring's Tod. Sortie de Polonais assiégés par
les Turcs, et autres. 3 p.

380 — Sainte Catherine de Sienne, très-belle composition d'ap. Rieder, grand in-fol. Sup. ép.,
toute marge.

381 **Thibault**. Traité de perspective linéaire. 54 p.
lithog. dans son portefeuille.

382 **Thouvenin**. Transfiguration. — Descente de
croix. — La Cène. 3 p. in-fol.

383 ★ **Troyon** (D'ap.). Aux bords de la Seine,
très-grande et belle composition de conduite de
bestiaux. Superbe ép. avant toute lettre.

384 **Wagner** (L.-C.), 1836. Paysages à l'eau-forte.
17 p.

385 **Waldmuller** (D'ap.). Scènes de villageois
avec des enfants. 2 p. par Rahl et Stober,
in-fol.

386 **Vedoato**. Sainte Famille, d'ap. Poussin, avant
la lettre, in-fol., toute marge.

387 **Veith** (J.-P.), 1822. Charmants Paysages à
l'eau-forte. 12 p. avec texte français et alle-
mand.

388 **Welyn**. Willem Frederik George Lodewijk,
prince d'Orange et son épouse, Anna Paulowna,
à mi-corps, in-fol..

389 ★ **Villa-Amil** (D'ap.). Espagne artistique et
monumentale. 38 p. lithog. à 2 tons. 2 lots.

390 **Wille**. Instruction paternelle, d'ap. Terburg.

391 **Wille**, Tricoteuse et Cuisinière hollandaises.
2 p. in-fol. Belles ép.

392 — J.-B. Massé, graveur, d'ap. Tocqué. Beau
portrait in-fol.

393 **Wintter** (Raphaël), 1813. Animaux carnassiers,
Bestiaux et autres. 9 p. à l'eau-forte.

394 **Witthoft** (W.). Ausgefuhrte Radirungen, d'ap.
les peintures originales allemandes. 2 livraisons
de 3 planches, 6 p. in-fol. Sup. ép.

395 **Voltz**, 1843. Bestiaux. 9 p. à l'eau-forte.

DIVERSES ÉCOLES

396 Album Deutscher Kunstler in original Radirungen Dusseldorf Julius Buddeus. 30 pl. et titre.

397 Universal-Kunstbuch. Gravures originales et en
fac-simile de pièces rares, 1837, 10 livraisons.
41 planches.

398 Wiener Kunstler Album. Dolce farniente. —
Episode de Joseph II. — Frascati. 3 p. in-fol.

399 Diverses Peintures à fresque des principaux
maîtres vénitiens. 24 p. et titre, 1760.

400 La grande Cavalcade de Clément VII et
Charles V, d'ap. Brusasorci, en 8 planches au
trait, grand in-fol., Vérone.

401 **Animaux**. Les Chats de Mind, les Lièvres et le
Chasseur, Bestiaux, etc. 16 p.

402 Animaux carnassiers et Bestiaux. Lithog. colo
riées à l'aquarelle. 6 p.

403 Sujets de Chevaux manière noire, Combats de cavalerie, etc. 8 p.

404 Têtes de Femmes et Portraits, Anglais et autres. 24 p. in-8.

405 Vignettes anglaises, Sujets de Femmes. Vues, etc. 16 p. in-8.

406 Vignettes allemandes et françaises. 17 p. in-8.

407 Madones, d'ap. Raphaël, Murillo, etc. 12 p. in-8.

408 Petits Sujets religieux, d'ap. Fiesole, saint Jean de Luini, Dominiquin et autres, Vierges, le Christ, etc. 33 p. in-8.

409 Illustration pour Metastase, par Gaucher, Martini, Saint-Aubin, d'ap. Cipriani, Moreau et autres. 36 p. in-8, toute marge.

410 **Eaux-fortes** allemandes et autres, Paysages. 23 p.

411 — Sujets religieux et autres. 20 p.

412 — flamandes. C. Schut, Vaël, etc. 6 p.

413 — italiennes. Vierges, Saintes Familles, etc., par et d'ap. Carrache, Guide, Carle Maratte, Palme. 20 p.

414 **École allemande**, d'ap. Bendeman, Kaulbach, Stefensand, Sunderland et autres. 27 p.

415 **École flamande**. Goltzius, Matham, Saenredam, N. de Bruyn, etc. 12 p. grand in-fol.

416 — Sujets de la Bible et autres par divers. 25 p.

417 — Les Singes savants. — Le Marchand de complaintes, Tabagies, Joueurs, Buveurs, etc. 17 p. à l'eau-forte.

418 — d'ap. Berghem, Rembrandt, etc. 11 p.

419 — Le Satyre et le Paysan de Jordaens, Sainte Famille, Christ au tombeau, etc. 5 p. in-fol.

420 **École française**. Sujets religieux et autres par et d'ap. Dorigny, Fragonard, Huret, etc. 16 p. in-fol.

421 **Ecole italienne**, d'ap. Michel-Ange, Parmesan et autres. 11 p.

422 — Sujets religieux, Assomption, etc., d'ap. Maratte, Véronèse, etc. 18 p. in-fol.

423 — Sujets de Vierges, Saintes Familles, Adorations des Bergers, des Mages, Fuites en Égypte, etc. 20 p.

424 — Sujets religieux divers, de divers formats. 25 p.

425 — Sujets divers, Mythologiques et autres, d'ap. Carrache, Guide, et autres. 35 p.

426 Écoles diverses, française et autres. Sujets religieux et autres. 50 p., 2 lots.

427 Vénus et Adonis, Paysages d'ap. Hackert et autres. 5 p. rognées et montées en dessin.

428 Mort de Cook, Bataille de La Hogue et sujets d'après Wouvermans. 4 p. rognées et montées en dessins.

429 Portraits, divers formats, anciens et modernes. 24 p., 2 lots.

430 Paysages de Gmelin d'ap. Guaspre, les Enfants de Niobé, et autre avant la lettre, Vues de pays montagneux Tyrol? avant la lettre, etc. 11 p. grand in-fol.

431 Vue intérieure de la tour de Saint-Étienne de Vienne, grand in-fol.

432 Vues des cathédrales de Cologne, Fribourg, Strasbourg, et Intérieur de Nuremberg, etc. 6 p.

433 Vues du Tyrol. 26 petites p. gravées et lithog.

434 Vues de Belgique, Anvers, Bruxelles, etc. 25 p. lithog.

435 Vues de Suisse, Tyrol et autres. 19 p. in-fol., lithog.

436 **Paysages**. Costumes, etc., en noir et en couleur. 32 p.

437 — Eaux-fortes et autres. 17 p.

438 — Perelle et autres. 26 p.

439 Tombeaux dans l'église de Lichtenthal, et Cathédrale d'Ulm, etc. 13 p.

440 Plans de batteries, dessins, antiquités, etc. 18 p.

441 — Cartes du Royaume de Wurtemberg, 12 feuilles, et le tableau d'assemblage, 13 p.

DESSINS

442 **Anonymes**. Circoncision, Jésus guérissant un malade, Jésus au Jardin des Oliviers, les Saintes Femmes et l'Ange au tombeau. 4 dessins à la plume et encre.

443 — Un grand Ange accompagné d'un griffon versant de l'eau sur un jeune guerrier au bain, Superbe aquarelle.

444 — Belle tête de femme coiffée d'un voile avec couronne à quatre pointes par dessus, à la mine de plomb sur papier gris.

445 **Aquarelles**. Armoirie, sujets Militaires, paysage. 6 p.

446 **École Française**. Fête et danse villageoise. Charmant dessin au bistre, forme de frise.

447 **École Italienne**. Le montreur de singes et d'ours, Ornement angle de voûte, Bataille de Cavalerie. 3 dessins, encre et bistre.

448 **Miniatures anciennes**. Très-petits sujets religieux sur vélin, rehaussés d'or. 4 p.

449 DUGOURE (J. D.), 1778. L'Amour triomphant. Ravissant dessin, excessivement curieux, d'une exécution remarquable, le trait très-fin et arrêté, à la plume, lavé d'aquarelle, faisant un bel effet de soleil. Signé et daté.

450 GATTIN (Giuseppe), à l'âge de 12 ans, 1842· prédiction de la destruction de Ninive, riche composition à la plume.

451 HAUSLAB. L'Amour dirigeant un jeu de bague pittoresque, les Jouteurs sont sur des Écrevisse, Cerf, Colimaçon, Éléphant, Coq; *Felix qui potuit rerum cognoscere causas;* orchestre et public admirateur. Joli dessin très-curieux à la plume comme une gravure au trait; la plupart des personnages doivent êtres portraits.

452 HOCH (George Frédéric) de Mayence. Grande mellée de cavalerie. — Hulans attendant des ordres. — Hulans enlevant les chevaux d'un camp défendu par de l'infanterie. 4 dessins à l'encre de Chine et bistre, grand in-fol.

453 LADNER. Vues du Tyrol. 2 en hauteur, 2 en travers. 4 dessins à l'encre de Chine.

454 MAYRHAUSER (Carl von), 1825. Combat de paysans Tyroliens contre des soldats, dans les montagnes. Aquarelle historique.

455 MORO di so (Marco). Batteries de siéges différentes. 4 dessins à la mine de plomb.

456 REMBRANDT. Deux figures d'hommes debout habillement faites au pinceau, au bistre.

457 RIVANELLI. Compositions diverses, la plupart religieuses, faites à la plume. 27 feuilles, marquées du Lion de Venise.

458 SABLET et autre. 2 paysages à l'encre.

459 SCHREIBER, 1839. Pont de bois au bas d'une très-haute montagne couronnée d'un glacier, en Tyrol. Mine de plomb.

460 SCHUTZ, 1762. Vue en Suisse, esquisse à l'encre de Chine habillement faite.

461 S. F., 1850. Vierge regardant Jésus. Magnifique dessin à la mine de plomb dure, sur papier légèrement teinté de jaune; École de Dusseldorf.

462 **Croquis à la plume.** Scènes de famille, scènes militaires, chevaux, chasseurs, etc. 54 p.

463 — et au crayon, dessins à l'encre de Chine. Portraits-charges de personnages divers, croquis militaires et autres. 45 p.

464 Environ 25 portefeuilles de diverses dimensions, de la Collection, seront vendus par lots.

Renou et Maulde, imprimeurs de la Compagnie des Commissaires-Priseurs, rue de Rivoli, 144. *107

9 782329 551777